LE ROI

DE LA

RÉPUBLIQUE

AUX HOMMES DE TOUS LES PARTIS.

PAR J.-J.-A. POIRIER.

BORDEAUX,

IMPRIMERIE DE P. FAYE, FOSSÉS DE L'INTENDANCE, 15.

1848.

LE ROI
DE LA RÉPUBLIQUE.

Je suis Roi. Nul dans mon royaume ne sera appellé maître et tous les hommes seront frères.

Roi du ciel sois béni! toi seul est notre maître.

En vain pour nous tromper, un audacieux mortel

Prétendrait tenir son droit de l'Éternel;

Un ouvrier divin que la Judée vit naître

Burina dans l'esprit la loi d'égalité:

Lui seul est reconnu roi de l'humanité.

Il scéla de son sang cette loi fraternelle

Qui doit au monde entier donner la liberté.

Unis par ce lien, sa puissance éternelle

Établira partout le régne d'équité.

LE ROI

DE LA

RÉPUBLIQUE.

Le Christ est son nom, l'univers son empire,
La charte qu'il donna au faible qui soupire,
Jugeant grands et petits avec la même loi,
Annula pour toujours le vain titre de roi,
En prononçant jadis ces paroles austères :
« Un seul est maître ici, et les hommes sont frères. »

Les temps sont accomplis !

Le règne du souverain est venu.

« Nous avons vu le seigneur...... Nous avons traversé la mer rouge qui engloutit Phardon, nous entrons dans la terre promise. » (LACORDAIRE).

Le peuple a marché longtemps, bien longtemps, pour franchir le désert ; car plus de dix-huit siècles se sont écoulés depuis que le roi des républiques, l'ouvrier obscur, l'homme du peuple, le divin législateur a dit :

EXTRAIT DE L'ÉVANGILE *(jusqu'à la page 11)*.

Je suis roi, nul dans mon royaume ne sera appelé maître, et tous les hommes seront frères.

Et ma loi sera la loi de tous, car il a été dit de moi :

Il sera puissant, s'appellera fils du souverain.

Et il régnera éternellement, et son régne sera sans fin.

Car celui qui m'envoie a fait puissance de son bras.

Il a dissipé les orgueilleux, il a mis bas les puissants de leurs sièges et a élevé les humbles et les faibles.

L'esprit du seigneur est sur moi, il m'a envoyé pour consoler les pauvres, guérir ceux qui ont le cœur froissé, et pour donner la liberté aux esclaves, pour donner la vue aux aveugles, à mettre en délivrance ceux qui sont foulés.

Et annoncer l'an agréable au seigneur, et le jour de la justice.

Et comme l'éclair sort de l'Orient et se montre jusqu'en Occident, autant en sera aussi de son avénement.

Et alors les premiers seront les derniers, et les derniers seront le premiers.

Et alors apparaîtra le signe du fils de l'homme avec beaucoup de puissance et de majesté.

Qui a des oreilles entende.

Le peuple gisait dans les ténèbres et ses maîtres le chargait de fardeaux pesants et insupportables.

Et ses maîtres n'en voulaient point porter eux-mêmes.

Et l'ouvrier, l'homme du peuple annonçait sa mission disant:

Je suis la lumière qui doit luire sur le monde.

Et la lumière a percé les ténèbres.

Et le peuple fut éclairé, et les puissants tremblèrent.

Et ceux qui l'entendaient s'étonnaient de sa doctrine, disant :

D'où lui vient sa science? N'est-il pas ouvrier, fils de Joseph le charpentier.

Et ils étaient scandalisés.

Et il disait encore :

Je ne suis point venu pour abolir la loi, mais pour l'accomplir.

Et la loi de mon royaume sera donnée au monde universel.

Et plusieurs disaient : Il est fou, pourquoi l'écoutez-vous ?

Et ses disciples lui demandaient : quels seront les signes ?

Et il leur disait : Quand le soir est venu et que le ciel est rouge, vous dites, il fera beau demain ; et le matin vous dites il fera tempête, car le ciel a mauvaise apparence.

Vous connaissez les signes du ciel, comment donc ne pouvez-vous juger des signes des temps ?

Or, quand vous entendrez des bruits d'émeute et de guerre ne soyez pas troublés, car il faut que ces choses se fassent, et encore ne sera pas la fin.

Et prenez garde à vous, car vous serez livrés aux rois et aux puissants de la terre et serez maltraités à cause de moi.

Mais il faut que ma loi soit donnée à toutes les nations afin que soyez tous enfants du même père.

Et beaucoup disaient : tu rends témoignage de toi-même ; ton témoignage est faux.

Et il leur répondait : encore que je rends témoignage de moi-même, mon témoignage est vrai, car je sais d'où je viens et où je vais.

Celui qui m'envoie est véritable et les chose que j'ai ouïes de lui, je les dis au monde.

Et plusieurs disaient : Il est possédé du diable, il est hors de sens, pourquoi l'écoutez-vous ?

Et le charpentier, fils de Joseph, prêchait de ville en ville, enseignant la multitude qui se réjouissait, disant : Béni soit le roi qui nous vient du Seigneur.

Et Jacques et Jean vinrent, lui disant : Maître, nous voulons que tu nous fasses ce que nous demandons.

Et il leur dit : Que voulez-vous ?

Et ils dirent : Accorde-nous que nous soyons assis l'un à ta droite, l'autre à ta gauche.

Et il leur répondit : Vous ne savez ce que vous demandez.

Et les dix autres furent jaloux de Jacques et de Jean.

Mais les appelant à soi, il leur dit :

Vous savez que les rois des nations maîtrisent, dominent et usent d'autorité sur elles.

Mais il n'en sera pas ainsi dans mon royaume, car quiconque voudra être le plus grand entre vous, sera votre serviteur ;

Et quiconque voudra être le premier parmi vous, sera le dernier de tous.

Car aussi le fils de l'homme n'est point venu pour être servi, mais pour servir les autres et donner sa vie pour le rachat de plusieurs.

Les rois et les grands veulent les premières places au banquet ; ils veulent des hommages et être appelés maîtres.

Mais dans mon royaume nul ne sera appelé maître, car un seul est maître, et il st aux cieux, et tous les hommes sont frères.

Et celui qui s'abaissera sera élevé, et celui s'élèvera sera abaissé.

Et le premier de tous les commandements est :

Tu obéiras à Dieu seul, qui est ton unique souverain, et tu l'aimeras de tout ton pouvoir.

Et le second commandement est semblable à celui-ci :

Tu aimeras ton frère comme toi-même.

Et il n'y a pas d'autre commandement plus grand que ceux-ci.

Et il disait aux pauvres : Vous êtes heureux, car mon royaume vous appartient.

Vous êtes heureux, vous qui souffrez, car je vous soulagerai.

Vous êtes heureux, vous qui avez faim, car je vous rassasierai.

Prenez mon joug, il est léger, car je suis bon.

Je vous donne pour nouveau commandement de vous aimer l'un l'autre comme je vous aime.

Et vous qui m'écoutez, je vous le dis : Aimez vos ennemis, faites du bien à ceux qui vous haïssent ; et comme vous voulez qu'il vous soit fait, faites aux autres.

Je vous dis toutes ces choses, afin que vous ayez paix en moi, car vous aurez angoisses au monde. Mais ayez bon courage, j'ai vaincu le monde.

Et malheur sur vous, riches, qui êtes repus, car vous aurez faim.

Malheur sur vous qui riez maintenant, car vous vous lamenterez et pleurerez.

Malheur sur vous, hypocrites, qui mangez la maison du pauvre.

Malheur sur vous, hypocrites, qui imposez les denrées, et laissez les choses de plus grande importance : la justice et la miséricorde.

Malheur sur vous, hypocrites, qui édifiez et parez le sépulcre du juste, car si vous eussiez vécu de son temps, vous ne l'eussiez pas voulu pour compagnon. Serpents, engeance de vipère, comment éviterez-vous le jugement ?

Et tous, à ouïr ces paroles, s'étonnaient de sa doctrine.

Et le peuple disait : C'est un homme de bien.

Et les puissants et les riches murmuraient, disant : C'est un séditieux, il séduit, il ameute le peuple.

Et il leur disait : Ma doctrine n'est point mienne, mais de celui qui m'a envoyé, car je ne suis point venu pour mettre la paix, mais pour porter le glaive.

Et les princes, les puissants et les riches ne l'ont pas cru.

Et quelques ministres disaient : Jamais homme ne parla comme cet homme.

Et les rois disaient : Êtes-vous aussi vous-mêmes séduits ? Et aucun prince ne crut en lui.

Et le populaire qui croyait en lui fut maudit des puissants.

Et il disait : Il suffit que le serviteur soit comme le maître ; et puisqu'ils ont appelé le maître Belzébuth, combien plus les serviteurs.

Et leur disant ces choses, tous ses adversaires étaient confus, mais tout le peuple admirait toutes ces choses glorieures qui venaient de lui.

Et il disait encore à ses disciples : Je vous envoie au milieu des loups, soyez prudents comme serpents, simples comme colombes.

Car vous serez traînés devant les puissants qui vous lieront et vous tortureront et serez haïs à cause de moi. Si avez a répondre ne vous en inquiétez pas, car ce n'est pas vous qui parlerez, mais l'esprit.

Qui a des oreilles entende.

Tout royaume divisé sera désolé et ne subsistera pas.

Plusieurs faux prophètes s'élèveront et en séduiront plusieurs. Plusieurs seront scandalisés, se trahiront l'un l'autre et se haïront l'un l'autre, parce que l'iniquité a été multipliée et que la charité de plusieurs s'est refroidie.

Mais qui persévérera jusqu'à la fin sera sauvé.

Mon règne est semblable à un grain qu'un homme prit, mit en son jardin, lequel crut, devint grand arbre, tellement que les oiseaux du ciel se reposaient sur ses branches.

Quand vous voyez le figuier jeter ses feuilles, vous savez que l'été est prochain.

Vous aussi pareillement, quand vous verrez toutes ces choses, sachez que le temps est venu.

Je vous le dis, cette génération ne se passera point que ces choses ne soient faites.

Le ciel et la terre passeront, mais mes paroles ne passeront pas.

Et étaient tous scandalisés et tellement étonnés qu'ils disaient : N'est-il pas fils de Joseph, le charpentier ; n'est-il pas ouvrier lui-même ! d'où lui vient cette science ?

Et l'ouvrier leur disait : Nul n'est prophète dans son pays.

Qui a des oreilles entende, qui a des yeux voye.

Lors les hommes de science le prirent, le menèrent au grand prêtre qui l'interrogea, lui disant : Est-tu roi ? Et il lui répondit : Je le suis. Et vous verrez le Fils de l'homme assis à la droite de la puissance de Dieu èt régner sur le monde. Et ma loi sera la loi de toutes les nations. Et mon règne n'aura pas de fin.

Et tous crièrent : C'est un blasphèmateur, il faut le mettre à mort.

Lors ils le menèrent devant le juge qui lui dit : Est-tu roi ? Et il répondit encore : Tu le dis, je le suis. Je suis né pour cela. Je suis venu au monde afin de rendre témoignage à la vérité.

Et aussi ce jour-là apparut le Fils de l'homme avec grande puissance.

Voici survint une femme qui souffrait depuis l'espace de dix-huit ans, laquelle était courbée sous le poids de ses douleurs, ne pouvant aucunement se redresser.

L'ouvrier l'appela à soi et lui dit :

Femme, relève-toi, tu es délivrée ; et incontinent elle fut redréssée, et glorifiait Dieu.

Et il dit : Ta foi t'a sauvée, vas en paix.

Et les hommes de science furent scandalisés de ce qu'il l'avait guérie le jour du Sabat.

Et il leur dit : Hypocrites, ne fallait-il pas débarrasser de ses liens cette femme que Satan avait liée il y a déjà dix-huit ans.

Et tous le regardaient avec étonnement et le peuple était en admiration.

FIN DE L'EXTRAIT DE L'ÉVANGILE.

Et voilà dix-huit siècles que toutes ces choses se sont passées !

Et un semblable miracle vient de s'opérer !

..... C'était le ving–quatre février !..... La nouvelle Jérusalem, toute palpitante d'émotion, attendait avec anxiété.

L'Esprit de lumière et l'Enfant des ténèbres étaient aux prises !..... Le móment approchait !..... Le timbre retentissant annonça enfin l'heure de la justice (1) !..... La chute de Satan !.... ses vibrants échos résonnèrent terribles aux oreilles du fils de Belzébuth qui, dix-huit ans aussi, tint liée et courbée sous le poids de ses douleurs une femme généreuse.

En vain opposa–t–il une résistance désespérée.

Le peuple, magnanime enfant de la noble victime, arracha à l'homme cupide qui la dévorait le sceptre qu'il avait extorqué, et sous le poids duquel gémissait la France.

Ainsi s'accomplit le miracle, en moins de temps que j'en mets à le raconter.

Si Épiménide, après avoir dormi cent ans, ne put revenir de sa surprise en voyant combien tout avait changé pendant son sommeil, quel sentiment n'avons–nous pas éprouvé en voyant notre métamorphose.

La veille sujets ! aujourd'hui souverains !...

Quel puissant génie a opéré ce prodige?...

La liberté (2) !... Quel ange réparateur soumis à son empire a accompli cette œuvre immense?... Le peuple (3) !... Son génie tutélaire l'arma donc de ses foudres? pour qu'aussi prompt que

(1) Je suis venu annoncer l'an agréable au Seigneur et le jour de la justice.

(2) L'esprit est sur moi, il m'a envoyé pour proclamer la liberté des esclaves.

(3) La lumière a percé les ténèbres et le peuple fut éclairé.

l'éclair il anéantisse à jamais cette vieille idole de royauté (1), soutenue encore par cent mille bayonnettes?...

Non, un seul mot a suffi!...

L'astucieux vieillard qui, par de perfides caresses, sut, il y a dix-huit ans, enchaîner la liberté, se croyant assez fort, voulut l'étouffer. Mais elle cria : frappe (2)!... Et le peuple, noble enfant docile à sa voix, d'une main rude saisissant un pavé, fait voler en éclat ce trône rongé par la corruption!... Puis, du sommet de ces ruines, contemplant avec orgueil les débris dispersés de ce puissant colosse, regarde avec un sublime dédain errer ses membres épars, sans témoigner d'autre sentiment que celui du mépris pour le chef, de pitié pour les enfants!...

Monarques incorrigibles! n'écouterez-vous donc jamais la voix de Dieu!... Mais, insensés, c'est cette voix qui, passant par la bouche du peuple, a crié au dernier des rois de France (3) : Descends de ce trône que tu as surpris (4)! Restitue cette souveraineté que tu as usurpée (5)! Reconnais ma puissance!...

Je suis le souverain jaloux qui veut régner seul (6) dans le ciel et sur la terre.

Dans le ciel, Père, Fils et Saint-Esprit, Trinité simple et éternelle.

(1) Et comme l'éclair sort d'Orient et se montre jusqu'en Occident, autant en sera de son avènement; et alors apparaîtra le signe du fils de l'homme.

(2) Il lui dit relève toi : Et incontinent elle fut redressée.

(3) Malheurs sur vous hypocrites, qui mangez la maison du pauvre, qui imposez les denrées et laissez les choses de plus grande importance : la justice et la miséricorde.

(4) Il a mis bas les puissants de leurs siéges.

(5) Ma loi sera la loi de tous. Mon fils sera puissant, il s'appellera fils du souverain. Et il régnera éternellement.

(6) Ma loi sera donnée au monde universel.

Sur la terre (1), Liberté (2), Égalité (3), Fraternité (4), Trio-
logie sainte que mon fils, enfant du peuple, annonça au monde
il y a dix-huit siècles, et qu'il inaugura de son sang (5).

Fidèle interprète de la volonté divine, et à l'exemple de son
maître, le peuple, après l'exécution de la sentence, faisant taire
ses ressentiments, n'articula pas même une malédiction contre
ses ennemis.

Que d'actions de grâces ne devons-nous pas à la Providence,
qui a permis que notre révolution, qui n'a pas d'exemple dans
les annales du monde, se soit accomplie sans le bouleversement
qui accompagne toujours la chute d'un trône.

Il ne faut cependant pas se le dissimuler, et c'est avec regret
que je vois les premiers rayons de notre liberté naissante rani-
mer de chimériques espérances.

O qu'elle serait coupable l'opiniâtreté ou l'aveuglement de ceux
qui, sous prétexte qu'une jouissance de plusieurs siècles (quoiqu'injuste dans l'origine) est un titre légitime, prétendraient res-
susciter un défunt. La royauté est bien morte, et nous avons vu
s'opérer le dernier miracle.

Qu'elle serait déplorable aussi cette manie de systèmes que
quelques cœurs généreux ont pu rêver dans le délire de leur
imagination exaltée, si les libertés, conquises au prix de tant
de sang, étaient pour leurs disciples un prétexte de jeter le trou-

(1) Nul ne sera maître et tous les hommes seront frères.

(2) Je suis venu affranchir les esclaves, mettre en délivrance ceux qui
sont opprimés.

(3) Quiconque voudra être le plus grand entre vous, sera votre serviteur; et celui qui voudra être le premier, sera le dernier.

(4) Tu aimeras ton frère comme toi-même. Je vous donne pour commandement de vous aimer l'un l'autre comme je vous aime.

(5) Et il donnera son sang pour le rachat de plusieurs.

ble dans la société , en propageant leurs idées , pour la plupart impraticables et de toute manière inoportunes.

J'ai entendu les apôtres du communisme déclarer qu'il faudrait cinq, six, dix siècles peut-être pour mettre en pratique leurs doctrines.

Or, je le demande à tous ceux qui jouissent de leurs facultés : devons-nous sérieusement nous occuper d'améliorations problématiques qui, en admettant leurs résultats comme infaillibles et avantageux à l'humanité, ne devraient porter des fruits qu'à la vingtième génération, et semer dans la génération actuelle des ferments de trouble et de désordre, capables de bouleverser la société et de la plonger de nouveau dans l'abîme.

Communistes intéressés, votre rôle est infâme; cessez votre œuvre criminelle.

Communistes de bonne foi, votre zèle est ridicule ! renoncez à poursuivre une chimère (1) !

Nous souffrons assez aujourd'hui, et il y aurait de la folie à aggraver nos maux dans le but de soulager ceux qui vivront dans mille ans.

Le plus essentiel dans ce moment, est le maintien, l'organisation, le triomphe de la République, qui seule peut satisfaire les besoins du présent, assurer le bonheur de l'avenir.

Il faut donc que chacun se pénètre bien de ses devoirs; que celui qui se sent au cœur de nobles sentiments, de généreuses inspirations, fasse, dans la mesure de ses forces, tout ce qu'il croit utile à la réalisation du bonheur commun.

(1) C'est en vain que l'esprit humain s'aidant de toutes les ressources de la science, prétendrait inventer un code humanitaire. Après la promulgation de la loi du Christ, c'est une téméraire et folle entreprise. Et si l'orgueilleuse philosophie a manifesté de saines doctrines, elle les a puisées dans cette charte immortelle qui suffira, si nous voulons nous y conformer, au bonheur de l'humanité, pour le présent et toujours.

Que les uns renoncent à de vieux préjugés ; que les autres fassent abnégation de leur vanité et abandonnent la prédication de
leurs doctrines.

Que les humbles surmontent les scrupules de leur modestie
et entrent hardiment en lice, en dépit de leurs répugnances.

Que tous fassent appel à leur conscience, elle dictera à chacun sa conduite ; et sans efforts, ou du moins sans regrets, on
sacrifiera préjugés et amour-propre à l'intérêt général.

En agissant sans haine et sans envie, en procédant avec justice et fermeté, on donnera satisfaction à tous les intérêts légi-
times. Et de l'entente cordiale de tous les cœurs unis par le
même lien, l'amour de la patrie, surgira le désir et la volonté
de travailler avec sincérité, avec ardeur au bien–être général.

Nous devons aux peuples l'exemple de la concorde. Il faut que
la justice de nos moyens, la sagesse de notre conduite, l'harmonie de nos actes avec nos principes, attirent la confiance, com-
mandent le respect, inspirent la sympathie.

Dans ce moment où l'Europe vivement émue voit poindre à
l'horizon l'aurore inespérée d'une nouvelle ère (1) ;

Dans ce moment où tous les peuples palpitent à l'apparition
inatendue de notre jeune République (2) ;

Dans ce moment où l'amour sacré de la liberté électrise tous
les cœurs généreux, où ses mâles accents retentissent à toutes
les oreilles, où d'innombrables échos répètent aux nations de
relever leur tête trop longtemps courbées sous un joug humi-
liant (3), où les rois épouvantés cherchent partout à retenir le
pouvoir qui leur échappe ;

Lorsqu'enfin l'heure approche où nous allons donner au monde

(1) Je suis la lumière qui doit luire sur le monde.

(2) La lumière a percé les ténèbres, et le peuple fut éclairé.

(1) Le peuple gisait dans les ténèbres et ses maîtres le chargeait de
fardeaux insupportables.

le sublime exemple d'un grand peuple se gouvernant lui-même;
et lorsque surtout du premier acte de sa souveraineté dépend
son avenir, chaque citoyen comprendra qu'en présence d'un si
grand intérèt, tout parti politique doit s'effacer, tout esprit de
système doit se taire.

Une seule pensée doit germer dans tous les cœurs, un seul
cri doit partir de toutes les bouches,... la France!... tous pour
elle... tout par elle!

Aux yeux de qui veut voir, les partis ont vécu; ils n'ont plus
ni foi en leurs principes, ni confiance en leur force.

Jamais nous n'avons été dans des conditions plus favorables à
la conciliation de tous les intérèts; jamais n'aura été plus facile
la reconstruction de l'édifice social.

Mais pour mettre à profit ces dispositions favorables, il faut
bien se pénétrer d'une chose : c'est que ce n'est pas en se fuyant,
en laissant les affaires publiques à la merci d'intrigants audacieux qui ne manqueraient pas de s'en emparer si les honnêtes
gens ont la lâcheté d'en redouter le poids, si par un égoïsme
coupable ils ne veulent pas se donner la peine de travailler à la
prospérité publique, en même temps qu'à leur tranquillité per-
sonnelle. Ce n'est pas non plus en persistant dans le déplorable
aveuglement de considérer nos frères les travailleurs comme
de dangereux ennemis, car les conséquences fatales de cette
manière de voir nous poussent nécessairement à errer dans le
cercle vicieux d'une crainte pusilanime, à nous renfermer dans
la sphère étroite de l'intérêt privé, ou dans l'enceinte bornée
d'une indifférence blâmable, je dirais même coupable; que nous
parviendrons à propager nos idées d'ordre, à réaliser nos vœux
de bien-être, à satisfaire à nos besoins, et à établir parmi
nous l'harmonie, la concorde et la paix, sans laquelle la société
ne saurait exister (1).

(1) Tout royaume divisé, sera désolé et ne subsistera pas.

Ainsi donc charité (1) d'abord , puis union et courage.

Que quelques citoyens honnêtes ne s'effrayent plus au seul nom de club ; qu'ils ne les fuyent plus comme des lieux pestis-férés ; qu'au contraire ils les fréquentent : l'avis d'un homme de bien est toujours utile dans une assemblée.

Que surtout le petit nombre d'artisans qui n'ont pu encore se débarrasser de cette humilité abjecte , dernier stigmate du servilisme ne se scandalisent pas de voir leurs frères occuper les sièges de la vieille aristocratie.

Malheureusement le vice comme la vertu se trouvent dans

(1) Par conséquent , plus d'épithètes blessantes jetées à la face du ma-nouvrier. Hors de l'esprit la pensée outrageante que la blouse de l'ouvrier est un surtout qui cache la livrée des bagnes. Plus de fausse honte de se croire avili pour siéger à côté de l'homme du peuple dans nos assemblées publiques. Plus de mesquines idédes tendant à considérer comme un des-honneur la fréquentation de ces écoles du droit politique.

Qu'ils fassent acte d'humilité ceux qui revendiquent l'honneur d'être disciples du Christ, qu'ils songent que celui qu'ils honorent était fils d'un charpentier, ouvrier lui-même , qui ne voulut prendre ses compagnons que dans les dernières classes de la société.

Qu'ils lisent , méditent et profitent de ces paroles du maître (*si leur foi apparente n'est pas un masque*).

Malheur sur vous hypocrites qui édifiez et parez le sépulcre du juste , car si vous eussiez vécu de son temps vous ne l'eussiez pas voulu pour compagnon.

Et plusieurs étaient scandalisés , disant : N'est-il pas ouvrier, fils d'un charpentier.

Et le peuple disait : C'est un homme de bien ! Et les riches disaient : c'est un séditieux , il séduit , il ameute le peuple.

Et lui disait : Il suffit que le serviteur soit comme le maître. Et puis-qu'ils ont appelé le maître Belzébuth , combien plus ses disciples.

C'est avec regret que je me vois forcé de rappeler ces paroles, mais je ne peux sans une profonde amertume, sans un sentiment pénible , voir l'in-compréhensible et douloureux spectacle de quelques hommes (en petit

tóus les rangs. **Et** sans vouloir, le moins du monde, rendre so-
lidaire cette caste tombée des crimes de quelques–uns de ses
membres disons, en passant, que le vol et l'assassinat ne lui ont
pas été étrangers.

Que les ames sans grandeurs ne considèrent donc plus
comme un sacrilège, l'occupation du Luxembourg par la com-
mission des travailleurs.

C'est le privilège de cette classe, et que ces mots classe et privilège ne choquent personne ; leur signification , les idées qu'ils

nombre il est vrai), qui, d'une probité irréprochable d'ailleurs, profes-
sant les doctrines du christianisme, ont pour les ouvriers une répulsion
injustifiable ; et ce n'est pas de ma part une supposition gratuite. Depuis que parmi nous se sont formées des assemblées populaires j'ai pu le
remarquer ; et quelques paroles dites bien bas à l'oreille d'un voisin m'ont
mis à même d'apprécier la sincérité de quelques personnes qui passent
aux yeux de tous pour des hommes de charité.

A mon sens, la charité est autre chose que cet ennui qui fait jeter dé-
daigneusement quelques oboles au mendiant importun.

La charité est autre chose que cet amour–propre qui porte à sacrifier
quelques francs pour le plaisir de s'entendre prodiguer les bénédictions
intéressées de l'indigent, qui se fait un titre de sa misère pour exploiter
l'orgueil.

La charité est autre chose que cette crainte que l'on éprouve dans les
moments de crise, et qui détermine à jeter à contre-cœur quelques pièces
de 5 fr. en pâture à des hommes sans noms, que les ouvriers renient et
qu'on persiste à leur assimiler.

La charité est autre chose que cette folle vanité qui porte à faire le
sacrifice de quelques centaines de francs pour avoir la puérile satisfaction de voir son nom figurer dans un journal.

Je n'appelle pas cela pratiquer la charité.

C'est faire l'aumone. Pour que l'aumone soit charité, il faut aimer ; il
faut que l'amour de notre frère soit la raison déterminante de notre aumone.

La charité arrachée à l'importunité, à l'amour-propre, à la crainte ou

expriment sont compatibles avec le gouvernement démocratique.

La République doit reconnaître et reconnaîtra toujours deux classes :

Celles des hommes vertueux, qui formera sa noblesse, quelque nom qu'ils portent;

Et celle des malhonnêtes gens, qui en sera la roture, quelque soit leur origne.

à la vanité, est une honte pour celui qui donne, une humiliation pour celui qui reçoit.

L'aumone faite par le seul amour du prochain est un bienfait pour celui qui reçoit, un honneur pour celui qui donne.

Cette vertu céleste, qui résume toute la doctrine du christianisme, est aujourd'hui la base, la colonne et le sommet de l'édifice social. Seule, elle suffit pour donner et conserver au monde la paix et le bonheur que comporte l'humanité, mais c'est à la condition qu'elle se manifeste et s'exerce autrement que par le don de quelques pièces de monnaie.

Charité, amour sont synonymes.

L'amour de notre frère doit nous porter à le consoler dans l'affliction, à l'encourager dans l'adversité, à le guider par de sages conseils, à l'honorer par la considération, à le ramener quand il s'égare, à le soutenir quand il chancelle, à le relever quand il tombe, à le réhabiliter quand il a failli et se répend, à sécher ses larmes quand il pleure, à le soulager quand il souffre, à l'enseigner quand il ignore, à le corriger avec de fraternelles et douces paroles, des défauts qu'il doit au manque d'éducation; à le plaindre des vices qu'il doit à l'abandon ou à la négligence d'indignes parents.

Et enfin à gémir sur lui si nos soins, nos efforts sont infructueux. Mais quand même et toujours à respecter dans notre semblable la dignité de créature humaine, le titre de frère que lui a donné le Fils de l'homme.

Voilà ce que c'est que la charité ; voilà ce que c'est le que christianisme; voilà ce que c'est que la République. Et le jour où les hommes l'auront compris et le pratiqueront, sera résolu le grand problème humanitaire.

Ceci s'adresse à tous, mais surtout à ceux qui faisant profession de croyances religieuses doivent donner l'exemple.

A la noblesse de sentiments : places , dignités , honneurs et considération.

A la roture du cœur : dédains et mépris !

Quant à cette infime portion d'esprits faibles , de caractères sans dignité , si leur étroite intelligeance n'est pas à la hauteur du titre de citoyen , conquis par leurs aînés , qu'ils gardent le silence ; qu'ils s'inclinent devant la mâle énergie de leurs frères, devant la supériorité de leurs défenseurs.

La République pour les protéger , pour les abriter à l'ombre. de son généreux drapeau n'exige de ces pauvres êtres encore dans les langes de la faiblesse et de l'ignorance, que la docilité que leur commande leur impuissance. Elle n'éprouve pour eux que de la commisération.

Il faudrait être atteint de cécité pour ne pas voir que la révoluti n qui vient de s'accomplir n'est point l'œuvré de quelques hommes.

Elle est l'œuvre de la parole du Fils de l'homme (1) , germe fertile que le temps a fécondé.

Son ministre de Rome , inspiré de son esprit , en donnant au monde le signal de la réforme , a proclamé que les temps étaient venus (2).

Tout essai pour en arrêter le cours serait donc inutile (3) : sans doute cela ne s'exécutera pas sans opposition ; sans doute l'esprit d'égoïsme, qui de tout temps s'est révolté contre l'esprit

(1) Mon régne est semblable à un grain qu'un homme prit, mit en son jardin ; lequel crut, devint grand arbre tellement que les oiseaux du ciel se reposaient sur ses branches.

(2) Quand vous voyez le figuier jeter ses feuilles , vous savez que l'été est prochain. Pareillement, quand verrez toutes ces choses, sachez que le temps est venu.

(3) Je vous le dis , cette génération ne passera point que ces choses ne soient faites.

de charité , tentera d'inutiles efforts (1). La puissance de la parole du Fils de l'homme est invincible.

Voyez quels obstacles a rencontré le Christianisme à son établissement , et cependant il est sorti vainqueur. La République , son corollaire , sortira aussi triomphante de la lutte (2).

Toute la morale du Christianisme se résume dans ce mot : *Charité*, qui se traduit lui-même par trois autres mots : *Liberté, Égalité, Fraternité,* trinité de sentiments qui sont l'essence de la République; mots dont des esprits égarés abusèrent au dernier siècle , au point de n'en faire qu'une obstraction philosophique (3).

La République de 92 et celle de 48 sont sœurs il est vrai; mais la première fut pervertie par des hommes coupables qui, après l'avoir déshonorée, l'affublèrent de haillons sanglants avec lesquels ils crurent effacer les traces de leurs meurtres.

Ainsi parée, audacieuse, comme une prostituée , et pour complaire à ses sanguinaires séducteurs , elle renia le beau nom dont elle avait été baptisée pour adopter celui de *terreur,* plus en harmonie aux goûts des hommes féroces dont elle apparut entourée.

Le blasphême à la bouche, exhalant des menaces de mort, elle jetait partout l'épouvante. Son sourire atroce promettait la destruction à l'ignoble cortége des mauvaises passions qui lui servait d'escorte.

L'œil ardent, lançant des regards de colère à ceux qui refusaient d'approuver ses débordements, foulant aux pieds tout ce

(1) Le ciel et la terre passeront , mais mes paroles ne passeront pas.

(2) Vous aurez peines et douleurs amères, mais ayez bon courage , j'ai vaincu le monde.

(3) Plusieurs faux prophètes s'élèveront et en séduiront plusieurs, et ils se trahiront l'un l'autre , et ils se haïront l'un l'autre , parce que l'iniquité a été multipliée.

que respectent les hommes, elle poussa l'excès de son délire jusqu'à vouloir tuer l'Être immortel.

Puis, enfin, repue de sang, frémissant d'horreur à l'aspect de ses œuvres, épuisée de l'excès de ses fureurs, elle vint, éperdue, haletante, expirer dans les serres de l'aigle impérial.

Plus prudente et plus sage, profitant des leçons du passé, sa jeune sœur, notre chère République, en s'entourant d'hommes probes et éclairés, conservera son innocence. Vierge pure, elle porte avec décence sa tunique sans tache. Sa bouche n'articule que des paroles de paix, son sourire modeste n'inspire que l'amour, son pudique regard commande le respect, son attitude digne et fière attire la confiance.

Fille respectueuse et soumise, voyez-là dans un moment d'énivrement, où un manque d'égard eût été excusable; voyez-là lorsqu'un de ses enfants, entouré de ses frères en armes, tous palpitant encore de l'action du combat, trouve à ses pieds l'image de son roi, la relève en criant : « Respect à celui-ci, c'est » notre maître à tous !.... »

Elle s'incline, la jeune République, et rend hommage à son suzerain..... (1).

J'avais raison de vous le dire : elle ne ressemble en rien à son aînée.

Respectons-là donc, défendons-là contre les séductions qui ont entraîné sa devancière, contre les hommes pervers qui voudraient la souiller, contre les traîtres qui voudraient la perdre.

Aidons-là à repousser leurs attaques, à déjouer leurs complots : les uns et les autres cherchent à paralyser ses moyens, à l'empêcher de réaliser ses promesses.

Pour atteindre ce but, il est indispensable de donner satisfac-

(1) Ta foi t'a sauvé, sois en paix.

tion à son plus ferme soutien, à son plus zélé défenseur : le peuple ; et il faut pour cela qu'il soit représenté personnellement à l'Assemblée nationale ; on lui doit cette garantie, car, en définitive, c'est lui qui a conquis sa liberté.

Son éducation morale et politique est assez avancée pour qu'il puisse sans danger exercer sa souveraineté.

Voyez-le, ce généreux peuple, docile à la loi ; maintenant l'ordre, attendant patiemment les réformes qu'il réclame, sans fiel ni rancune, contre ceux qui ont aidé à le tromper.

Ne détruisez donc pas ses bonnes dispositions qui lui viennent d'en haut ; ne cherchez plus à l'abuser, vous feriez une œuvre inique. Et alors, alors s'il s'apercevait qu'on veut le tromper, malheur sur tous !

Renoncez donc à vos orgueilleuses prétentions, hommes superbes !

Renoncez à vos perfides escobarderies, hommes hypocrites !

Renoncez à votre criminel amour, hommes égoïstes !

Vous tous enfin qui, par un motif quelconque, affichez de l'amour pour vos frères les travailleurs, et cachez au fond de l'âme une aversion coupable, renoncez à vos ignobles sentiments.

Sachez que l'ouvrier a dans le cœur de généreux instincts, et que si vous lui rendez là justice qui lui est due, il sera toujours disposé à la reconnaissance ; et quoique votre égal en droit, il sera le premier à reconnaître et honorer la supériorité, quelle qu'elle soit.

L'homme du peuple, avec ses dehors grossiers, son langage énergique, a une sagacité parfaite, un tact fin, une sensibilité exquise.

Ses facultés de juger et de sentir n'ont pas été énervées par le contact de la corruption.

Aussi, le voyez-vous flatté au moindre témoignage de considération, sensiblement affecté aux moindres marques de dédain, et pousser la susceptibilité jusqu'à l'exagération, si un regard, un geste laissent percer le mépris.

C'est qu'aujourd'hui il connaît sa dignité, parce que, sous le nom collectif de peuple, est comprise l'universalité des individus.

Il y a quelques cent ans il n'en était pas ainsi ; le peuple n'était formé que des manants des serfs affranchis; alors enfant chétif, comprimé sous les étreintes de la féodalité, enveloppé des langes de l'ignorance et de la misère, ses membres engourdis ne pouvaient se mouvoir; il souffrait dans une gêne horrible ; mais il était né vivace, et toutes les entraves apportées à son développement ne l'empêchèrent pas de briser un à un les liens qui le comprimaient.

Il y a soixante ans qu'il atteignit sa virilité et rompit le dernier fil qui le tenait en laîsse.

Impatient d'essayer ses forces, il engagea la lutte avec sa marâtre *(l'Aristocratie)*. Le combat fut terrible, mais enfin la victoire lui donna la mesure de sa puissance.

Comme l'adolescent étonné de ses premiers succès, il se troubla à l'aspect de son œuvre. Une crainte vague s'empara de lui à l'idée que son antagoniste pourrait se relever de sa chute. Ce moment d'appréhension le fit trembler; et pour dissimuler sa faiblesse, il donna l'exemple d'une sauvage énergie en prononçant la sentence de mort de son ennemi terrassé, croyant, comme le jeune présomptueux, que le succès de son premier duel en imposerait à ses ennemis.

Mais on découvrit bientôt la partie vulnérable.

Il avait de la force dans le bras, de la fermeté dans le cœur; mais il n'y avait dans la tête ni expérience, ni assez d'intelligence.

Aussi, la gloire sut bientôt l'éblouir, la ruse et l'audace le capter.

Vingt-deux ans il resta courbé sous la verge de fer du despotique maître ; et lorsque sa chute lui donnait l'espoir de recouvrer son indépendance, une ligue impie vint encore entraver son développement.

Enfin, malgré tous les obstacles, on ne put arrêter sa croissance ; et après quarante ans de luttes pénibles, le peuple, une seconde fois, se présente en lice.

Trois jours lui suffirent pour ressaisir sa souveraineté ; et cette fois, plus fort et plus généreux, mais encore craintif, il veut accompagner son ennemi hors de l'arène.

La candeur de la jeunesse lui fit commettre une faute excusable en se laissant prendre à l'éclatant hochet de la gloire. Cette première erreur était honorable, parce qu'il faut avoir au cœur de nobles sentiments pour succomber à cette brillante séduction.

Mais, cette seconde fois, il commit une faute grave, qui dénotait dans le cœur un honteux sentiment : il se laissa abuser par l'astuce et l'hypocrisie ; il succomba à la séduction du vice. Ce fut l'égoïsme qui le fit cette fois sacrifier l'avenir de la patrie aux avantages immédiats d'un bien-être illusoire, et confier ses destinées aux mains d'un homme perfide, qui, exploitant l'immoralité, donna au monde l'affligeant et révoltant spectacle de la plus noire ingratitude.

Eh ! qu'on ne me dise pas que des raisons politiques, des intérêts d'État autorisent de telles monstruosités, justifient de pareils scandales !

Le peuple, qui proclamerait cette abominable doctrine, serait un peuple indigne.

L'ingratitude est un crime, parce que la reconnaissance est un devoir.

Comment voulez-vous qu'il vous traite, celui qui a l'infamie de chasser, dépouiller, diffamer ses bienfaiteurs ? celui qui donne

un aussi dégoûtant exemple, est un malhonnète homme; et
eut-il tous les talents, toute l'expérience nécessaire à l'homme
public, il ne peut inspirer aucune confiance s'il s'est souillé
d'ignominieuses actions.

Le peuple, qui consent à accepter un joug ignoble, mérite
d'expier la faute de sa dégradation.

Dix-huit ans de souffrance l'ont enfin lassé de cette royauté
bâtarde.

Dix-huit ans de patience et de résignation ont complété son
éducation.

En moins de soixante ans, malgré toutes ses vicissitudes, le
peuple est enfin parvenu à l'âge mûr.

En moins de soixante ans, et malgré tous les obstacles ap-
portés à son développement, il vient d'atteindre la taille de
géant.

Ayant acquis la sagesse qu'enseigne l'adversité; ayant cultivé
pendant une longue paix l'intelligence dont il est doué, confiant
dans ses forces, jaloux de son droit, voyez-le à l'œuvre cette
fois.

Comparez et jugez :

En 89, il lui faut trois ans pour renverser l'idole !

En 1830, trois jours pour la briser !

En 48, trois heures pour l'anéantir !

En 89, la peur lui fait immoler sa victime.

En 1830, la crainte lui fait la conduire hors frontière.

En 48, la confiance lui inspire le dédain : il ne s'en occupe
pas !

L'accablant mépris a remplacé l'échafaud.

En 93, le couperet de Guillotin faisant tomber la tète de Ca-
pet ne tua qu'un roi.

En 48, le mépris du peuple chassant Philippe comme un va-
let, a tué la royauté !

Oh ! dites-moi si elle n'est pas risible, la terrible chute de ces hommes présomptueux, dont la vaine science croyait pouvoir pervertir les sentiments de justice, étouffer les instincts généreux du peuple, dominer sa science du cœur bien autrement féconde que leur aride science de tête.

Et après les preuves de force et de capacité que vient de vous donner le peuple en reprenant sa souveraineté ; après la sagesse qu'il a montré pendant la sainte croisade qui l'a remis en possession de l'héritage que lui légua le Christ, vous prétendriez, comme les hommes de hier, qu'il n'est bon qu'à servir de marche-pied à de nouveaux maîtres ! qu'il est incapable de faire lui-même ses affaires. Allons donc, vous divaguez, ou plutôt vous dissimulez.

Le véritable motif de vos terreurs, c'est votre orgueil, blessé de voir l'homme du peuple votre égal. Votre plus grande crainte est qu'il soit trop savant et qu'il exerce sagement sa souveraineté. Votre égoïsme s'effraye des devoirs qu'impose la République, des sacrifices qu'exige cette forme de gouvernement.

Vous préféreriez une régence avec un duc d'Orléans où une monarchie avec un Louis XV, dut-elle compromettre l'avenir de vos enfants.

Que vous importe l'honneur de la patrie, pourvu que vous végétiez dans une tranquillité abjecte, et que le manouvrier ne soit pas votre égal.

Je comprends bien que ceux que l'on appelaient nobles soient froissés de voir le travailleur mis à leur niveau : nés sur un blason, ils peuvent se croire d'une autre espèce.

Mais je ne comprends pas, et c'est avec indignation que je vois des hommes sortis du peuple, fils de laboureurs ou d'ouvriers, qui doivent au bon sens de leurs pères de ne pas manier eux-mêmes la bêche ou le rabot, pousser l'orgueil jusqu'à oublier leur origine, et refuser à la classe d'où ils sortent la justice de convenir qu'elle a assez progressé pour marcher de pair avec les classes privilégiées.

Il y a peu de jours que j'entendais dans une réunion nombreuse, dire : Que si on envoyait à l'Assemblée nationale des artisans, la France était perdue.

On accordait bien que cette classe avait du bon sens, de l'honnèteté, des intentions pures ; mais, disait-on, il lui manque le savoir.

Et d'abord je soutiens le contraire.

Je ne prétends pas que le savoir soit inutile, mais conviendra-t-on, du moins, que c'est un funeste don quand il est le partage d'un cœur pervers, d'une âme corrompue.

Nous avons vu les hommes de la science ; nous avons vu des hommes doués d'un génie supérieur, conduire le vaisseau de l'État et venir en plein calme se briser contre un pavé !

Ah ! c'est que si la tête était bonne, le cœur ne valait rien !

Et puis, après cela, vous venez nous dire : Le bon sens, l'honnèteté, les bonnes intentions ne suffisent pas ! mais je suis autorisé à rétorquer votre raisonnement, et à dire : La science, le génie ne suffisent pas, il faut avant tout un cœur honnète : avec cela et du bon sens on est apte à faire les meilleures lois du monde.

Et d'ailleurs, comme je le dis plus haut, je soutiens que la classe des artisans n'est pas dépourvue de savoir.

Tout en convenant que la majorité des travailleurs qui compte six millions d'hommes ne possède pas la science, je suis convaincu que sans beaucoup chercher on trouvera facilement trois cents individus (1 sur 20,000) assez instruits pour faire de très-bons législateurs, capables de proposer, discuter, adopter des lois sages, aussi bien que les plus savants.

Sorti de cette classe où n'aguère je maniais la truelle, je prend la plume aujourd'hui, non par un vain amour-propre, mais pour faire comprendre aux incrédules que pour s'être servi du ciseau ou du marteau, si quelques circonstances lui font les abandonner, l'artiste intelligent n'est pas inhabile à remplir d'autres emplois; et que celui qui a manié l'outil peut être aussi apte que l'ouvrier qui se sert de la plume.

Que la classe ouvrière pour être illettrée, n'est pas deshéritée de la part d'intelligence dont la providence gratifie toutes ses créatures.

L'ouvrier devenu écrivain, puise, dans l'amour de la patrie, ses inspirations qui ne sont pas brillantes, il est vrai, mais qui sont généreuses.

Eh bien ! il en sera de même de l'artisan devenu législateur ; il puisera à la même source les lumières qui pourraient lui manquer, et ses généreux instincts ne se tromperont pas.

Et quoiqu'en dise la science, si ses discours manquent d'éloquence, ses votes ne manqueront pas de sagesse.

Aussi devrait-on prendre pour la députation des hommes probes d'abord, intelligents et courageux, dans quelque classe qu'ils se trouvent; et ces hommes, fussent-il manouvriers, il seront préferables à ces misérables sans pudeur, qui se montrent dévoués à tout parti qui triomphe ; à ces hommes qui, par une lâche prudence, cachent leurs sentiments quand il entrevoyent que le parti qui triomphe n'a pas de chances de durée ; à ces hommes qui se disent sages, parce qu'ils attendent l'événement pour obéir ou désobéir ouvertement à leur conscience, ne prenant pour guide que l'intérêt du moment, ménageant, pendant la lutte, ceux qui peuvent leur être utiles ou nuisibles, et finissant par une honteuse apostasie dès que le danger ne les menace plus.

La République serait perdue avec des hommes de cette espèce, et la République est devenue une nécessité; parce que le peuple, aujourd'hui maître de ses destinées, connaît sa force :

mal-avisés seraient ceux qui, par opiniâtreté, ne se rendraient pas à l'évidence.

La République est une nécessité, parce que la foi au principe monarchique est morte.

La République est une nécessité, parce que c'est la forme de gouvernement la plus simple, la plus morale et la plus juste.

La République est une nécessité. parce que la parole de Dieu est infaillible, et que son fils en a inculqué les doctrines dans l'esprit des peuples.

Nous sommes appelés à réaliser ses promesses et à donner aux peuples l'exemple.

Notre courage, notre générosité, nos succès et nos revers nous ont acquis l'admiration du monde.

Nous pouvons acquérir une gloire plus vraie, une gloire immortelle.

Dans cette circonstance solennelle, il dépend de nous d'affranchir l'humanité, de faire que le code immortel du divin législateur soit désormais une vérité.

En consolidant la République sur des bases inébranlables, en accomplissant les devoirs qu'elle impose, en pratiquant les vertus qu'elle commande ;

La République, amante chérie du peuple, est l'expression la plus vraie des idées de Liberté, d'Égalité, de Fraternité, proclamées par le Christ.

La soutenir, la défendre est une cause sainte !

Lui résister, serait impie ; la combattre, serait sacrilège.

www.ingramcontent.com/pod-product-compliance
Lightning Source LLC
Chambersburg PA
CBHW051352060726
47596CB00005B/1883